© Hannes Hofinger
A-6380 St.Johann in Tirol
WWW.HANNES-HOFINGER.AT
Herstellung und Verlag:
BoD-Books on Demand, Norderstedt
ISBN: 978-3-7322-9419-0

Lesen ist geil

Das alternative PISA-Lesebuch

Jetzt

kann

ich

ehrlich

behaup-
ten,

dass

ich

in

30

Minuten

ein

Taschenbuch

mit

60

Seiten

gele-
sen

habe.

Schuld

am

depper-
ten

PISA

sind

die

mit

zu

vielen

Buch-
sta-
ben

voll-
gestopf-
ten

Bücher.

Hier

der

Beweis:

Es

geht

auch

SO.

Alter-
nativ

al|ter|na|tiv (wahlweise; zwischen zwei Möglichkeiten
die Wahl lassend; für als menschen- und umweltfreund-
licher angesehene Formen des [Zusammen]lebens
eintretend; im Gegensatz zum Herkömmlichen stehend);
alternative Wählervereinigungen; alternative Energien
© Duden - Die deutsche Rechtschreibung, 24. Aufl.
Mannheim 2006 [CD-ROM]

könnte

man

jede

zweite

Seite

einfach

frei

lassen.

Lesen ist wirklich einfach geil !